AF245417

NOTICE BIOGRAPHIQUE

SUR MONSEIGNEUR

LANDRIOT

ARCHEVÊQUE DE REIMS

Par H. MENU.

REIMS,

MATOT-BRAINE, IMPRIMEUR-LIBRAIRE-ÉDITEUR,

6, RUE DU CADRAN-ST-PIERRE, 6.

S. G. MONSEIGNEUR LANDRIOT.

NOTICE BIOGRAPHIQUE

SUR

MGR LANDRIOT

*Nous n'avons jamais été et nous ne serons jamais le
disciple de ces écoles qui ne savent que mutiler,
retrancher et détruire.*

(*Paroles de Mgr Landriot*).

I.

Le 29 Décembre 1866, Reims était témoin d'une cérémonie imposante, encore inconnue dans les fastes de son
histoire. La population avait préparé un magnifique triom-
phe à la dépouille mortelle de Son Eminence le Cardinal
Gousset.

De sept heures du matin à une heure de l'après-midi, plus de
cinquante mille personnes étaient groupées sur le passage
du convoi funèbre. L'immense cathédrale de Reims était
transformée en caveau funéraire. Les rues tendues de
noir, le gaz allumé, et chaque lanterne recouverte d'un
crêpe, donnaient à la ville l'aspect d'une vaste nécro-
pole où brûlaient les lampes des morts. Les corps officiels
présents en masse, sept cents prêtres, les députations
des colléges et des institutions charitables, prouvaient
au Prince de l'Eglise comme aux Evêques présents dans
nos murs, que les habitants de Reims et du diocèse
comprenaient toute l'étendue de leur perte. Le corps

du Cardinal porté à découvert tour-à-tour sur les épaules des prêtres, des frères des écoles chrétiennes et des ouvriers ; enfin le silence qui régnait sur le passage du convoi, tout concourait à faire de cette cérémonie la manifestation d'une grande douleur et d'une vénération exceptionnelle pour la mémoire du Prélat qu'une mort inattendue venait d'atteindre.

Une souscription diocésaine admise en principe le jour même de l'inhumation de l'éminent Cardinal, témoignait que Reims, la ville métropolitaine, dépositaire de la reconnaissance publique, allait par un monument durable honorer la mémoire de son premier Pasteur (1).

Ces démonstrations remarquables amenées par la mort du savant Pontife ont trouvé un écho fidèle dans le *Mandement* des vicaires capitulaires du diocèse de Reims, le siège vacant. « Qu'elle était imposante, disent-ils, cette pieuse cérémonie, à laquelle avaient voulu prendre part toutes les autorités du diocèse, et où tant de pieux fidèles assistaient dans l'attitude de la vénération et de la douleur! Vous y assistiez religieusement aussi, honnêtes ouvriers de la cité de Reims, vous que sa main savait distinguer pour vous bénir, comme elle savait s'ouvrir afin de vous soulager ! Pour vous, il édifia une de nos plus gracieuses églises, où il repose conformément à ses vœux ».

L'impression profonde causée par la mort et par l'inhumation du Prélat, fut bientôt amoindrie lorsque l'on connut celui qui était appelé à recueillir son glorieux héritage. Les habitants de Reims, tout en souscrivant avec ardeur pour le tombeau du Cardinal Gousset, accueillaient favorablement les publications qui intéressaient leur nouveau Pasteur et les prérogatives de l'archevêché de Reims.

(1) Le produit de la souscription à Reims, est de 22,800 fr. 55 c. Cette somme a été donnée par 11,639 personnes.

Fondé, d'après une tradition immémoriale, au milieu du premier siècle de l'ère chrétienne, le siége de Reims fut illustré par saint Nicaise qui, vers l'an 406, défendit courageusement la ville contre les Vandales et mourut victime de son dévouement. Cinquante ans plus tard, saint Remi monte sur le siége de Reims. Ses conseils déterminent Clovis à épouser Clotilde, princesse catholique : cette alliance précieuse allait bientôt convertir le conquérant, arrêter les progrès de l'arianisme et permettre la réunion de la Bourgogne à l'empire des Francs. L'entente cordiale de Clovis et de l'évêque de Reims amène la conversion du guerrier. Celui-ci dote richement les églises du diocèse, les met en possession des propriétés qui appartenaient à des temples païens, enfin il donne à saint Remi le territoire qu'il peut traverser en un jour.

La munificence royale pour l'église de Reims n'a plus de bornes et grâce au génie du pontife, la suprématie ecclésiastique et temporelle de l'archevêché de Reims demeure assurée de siècle en siècle, malgré les transformations sociales, jusqu'à la Révolution de 1789.

L'un des successeurs de saint Remi, Artaud, obtient le droit de battre monnaie. Hincmar, puis Gerbert, devenu pape sous le nom de Sylvestre II, illustrent le siége de Reims. La puissance des Archevêques resta sans rivale pendant le Moyen-Age. Guillaume de Champagne, oncle du roi Philippe-Auguste, fait ériger en duché sa ville métropolitaine. Seigneur de Cormicy, d'Attigny, de Bétheniville, de Courville, de Sept-Saulx, de Nogent, et de Chaumuzy, il oblige les habitants de Saint-Quentin et de Saint-Valery à venir plaider à sa cour de justice. Une bulle du pape Innocent III lui confirme le domaine sur Reims, Vitry, Vertus, Rethel, Châtillon, Roucy, Épernay, Fismes, Braisne, Château-Porcien, et plusieurs autres châtellenies de Champagne.

Déjà propriétaires des villes de Mézières et de Mouzon, les Archevêques de Reims augmentent sans cesse leurs prérogatives. Possesseurs des attributs de la souveraineté, ils lèvent des troupes et les conduisent eux-mêmes à la défense du Roi.

Métropolitain des évêchés de Soissons, de Châlons-sur-Marne, de Cambray, de Tournay, de Novion, de Térouenne puis de Boulogne, d'Arras, d'Amiens, de Vermand puis de Noyon, de Senlis, de Beauvais et de Laon, l'archevêque de Reims recevait le serment de foi et hommage des évêques suffragants ; il avait le droit de s'opposer à leur translation sur un autre siége ; il pouvait visiter leur diocèse, y convoquer des synodes, réformer les abus épiscopaux et juger en dernier ressort les débats soumis aux officialités diocésaines.

Ce pouvoir immense alla toujours en déclinant après l'établissement des communes. Déjà ébranlée par les droits accordés au chapitre de la Cathédrale, la puissance des Archevêques ne se maintenait que par la haute position des titulaires. Ainsi, Jean de Lorraine, abbé de Cluny, de Fécamp, de Marmoutiers, était au XVIe siècle Archevêque de Reims, et pourvu en même temps des évêchés de Toul, de Térouenne, de Narbonne, de Verdun, de Luçon, de Valence, d'Albi et de Lyon.

Ce cumul blâmable des titres ecclésiastiques ne se reproduisit jamais, sur le siége de saint Remi, mais à la Révolution, l'Archevêque, duc de Reims, premier pair de France, jouissait encore de tous droits de justice sur la plupart des communes de 'l'arrondissement. Depuis Maurice Le Tellier, il promulgait les règlements de police pour la ville et pour les faubourgs. Il taxait le prix des places aux marchands étalagistes venus aux foires de Pâques, de la Madelaine, et de Saint-Remi. L'exercice de l'industrie locale était soumis à ses ordonnances, et le bailliage du primat était en outre chargé du service de la salubrité publique (*).

(*) Règlements de police pour la ville et faubourgs de Reims. *Reims, Multeau*, 1727, in-12.

II.

Les prérogatives attachées au titre d'archevêque reçurent, pendant le XVI° siècle, une consécration solennelle. Le métropolitain, archevêque et duc de Reims, faisait alors deux entrées en ville. Les prescriptions du cérémonial attestent que rien n'égalait la magnificence de l'entrée ducale. L'intronisation archiépiscopale ne le cédait en rien à la première. Le nouveau Pontife, reçu au portail de la Cathédrale par le chapitre et par le clergé du diocèse était processionnellement conduit à la chaire dite de saint Rigobert, l'un de ses prédécesseurs. L'usage de faire asseoir les archevèques dans cette chaire en pierre brute, remontait aux temps les plus reculés. La cérémonie se terminait par la prestation des serments du nouveau prélat.

L'une des entrées ducales dont les historiens rémois ont conservé le souvenir est celle de l'archevêque Robert de Lenoncourt. Le 21 Juillet 1509, il quitte vers cinq heures du soir le village de Cernay, pour entrer à Reims. Reçu à la porte Dieu-Lumière par les religieux-mendiants, les échevins, le bailli de la ville et ses officiers, tous à cheval, l'archevêque entend la harangue de Philippe de Bezannes, prévôt de Reims, entre en ville, accompagné de Robert de la Marck, seigneur de Sedan, de Tournebœuf, lieutenant de sa compagnie, du gouverneur de Mouzon, du capitaine de Fismes, du bailli de Vitry, des abbés de Mouzon, de Saint-Ived de Braisne et d'autres personnages distingués.

A la première porte de la ville, Jacques de Maire, sénéchal de l'archevêché, reçoit l'archevêque et son cortége. Il prend la bride de la mule du prélat, et le conduit à pied jusqu'au portail de l'église Saint-Remi, où les religieux lui présentent les Evangiles ; puis tenant la main du prieur, Robert de Lenoncourt promet, sur l'autel, de conserver tous les priviléges de l'abbaye.

Le lendemain, les échevins de Reims vinrent trouver l'archevêque pour le mener à la Cathédrale. Il partit de Saint-Remi, sous un poële en damas blanc soutenu par les religieux de l'abbaye. Reçu dans la rue Sainte-Catherine par le chapitre métropolitain, il fut conduit à Notre-Dame, où son installation eut lieu suivant les formes ordinaires.

Six jours plus tard, il reçut les actes de foi et hommage des vassaux de l'Eglise de Reims : les Cauchon, les Bezannes, les Toignel, les Thuizy et autres illustrations rémoises (*).

L'entrée de Louis de Lorraine, Cardinal de Guise, fut encore plus solennelle. Le 30 Avril 1583, une brillante cavalcade attendait l'archevêque à la porte de Mars. Le cortége était composé de six cents arquebusiers, des archers du guet, du lieutenant des habitants, du conseil de ville, des notabilités industrielles, des religieux-Minimes, des Cordeliers, des Jacobins, des Augustins, des Carmes, du prévôt de la ville, des sergents des bans de justice, des Echevins, du lieutenant de Vermandois, de l'Université

(*) « En 1514 le blé était rare et cher à Reims, et Robert de Lenoncourt voyait avec bonheur la grange de la Cense (archiépiscopale) parfaitement garnie ; il devait y trouver de quoi sauver les indigents pendant la famine. Les boulangers de Reims vinrent lui proposer de leur vendre à des prix très-élevés son trésor de céréales : « *Mes maîtres*, répondit Son Eminence, *nous aviserons ; je veux consulter mon conseil.* » De suite il fit venir les pauvres dont il soutenait l'existence, leur fit part de l'avantageuse proposition qu'il avait reçue, et leur demanda ce qu'ils en pensaient. Tous le supplièrent de songer à eux. C'est ce qu'il fit, et le lendemain, quand les boulangers revinrent au palais, on leur répondit que le conseil de Monseigneur n'approuvait pas la vente à laquelle ils avaient songé ». (P. TARBÉ. *Reims, essais historiques sur ses rues et ses monuments*).

rémoise et du collége des Anglais, dirigé par le célèbre Guillaume Allan.

Conduit à l'abbaye de Saint-Remi, au bruit de l'artillerie mêlée au son des cloches, le Cardinal, ayant les pieds nus, fit le lendemain son entrée dans la Cathédrale de Reims (*).

Moins somptueuses pendant les XVIIe et XVIIIe siècles, les intronisations des Archevêques de Reims ne reprirent leur éclat que pour Mgr de Talleyrand-Périgord, dont l'épiscopat ne fut qu'un long bienfait pour la population ouvrière et pour l'industrie rémoise. Son successeur, Mgr Jean-Charles de Coucy, ancien vicaire général du diocèse, ancien évêque de la Rochelle, fit une entrée conforme à la simplicité évangélique. L'accueil affectueux fait par la population rémoise à la prise de possession du siége de Reims par Mgr Gousset, est encore présent à tous les souvenirs.

Pour la seconde fois, l'Eglise de la Rochelle vient d'être appelée à donner un archevêque au siége de Reims. Les vicaires capitulaires ont annoncé aux fidèles la nomination de Mgr Landriot, dans quelques lignes qui caractérisent le nouveau prélat :

« Le *Moniteur*, disent-ils, nous apprend que le choix du chef de l'Etat vient d'appeler au siége de Reims Mgr Landriot, évêque de la Rochelle. On n'en fera pas moins les prières prescrites jusqu'à sa préconisation connue, pour que l'Esprit-Saint continue d'assister de ses lumières, dans son nouveau diocèse, ce digne pontife, déjà connu par sa science, sa piété et la sagesse de son administration ».

(*) *Ordre des cérémonies gardées et observées en l'entrée et réception de très-illustre Prince Mgr Loys de Lorraine, Reverendissime Cardinal de Guyse, Archevesque et Duc de Rheims, Premier Pair de France, Légat né du Saint-Siége apostolique*, Reims, Foigny, 1633, in-8°.

III.

Monseigneur LANDRIOT (JEAN-BAPTISTE-FRANÇOIS-ANNE-THOMAS), est né à Couches-les-Mines (Saône-et-Loire) le 9 Janvier 1816.

Resté orphelin à peine âgé de treize ans, le jeune Landriot entra au petit séminaire d'Autun. Ses études, furent remarquables. Doué d'un caractère aimant, d'une intelligence active et d'une mémoire excellente, le modeste étudiant se fit aimer de ses condiciples. Ses goûts studieux le mirent en rapport avec l'illustre bénédictin Dom Pitra, aujourd'hui revêtu de la pourpre romaine. Une passion commune pour l'histoire naturelle cimenta l'amitié des deux amis. L'application au travail ayant altéré la santé de l'abbé Landriot, il abandonna momentanément le séminaire pour chercher dans les distractions de l'étude à la campagne, une vie moins active, et qui pût aider à son rétablissement.

Ordonné prêtre en 1839, l'abbé Landriot fut d'abord nommé vicaire à la Cathédrale. Quelques mois plus tard, l'évêque d'Autun, Mgr d'Héricourt, le nommait directeur du petit séminaire. Le choix parut précoce, mais il fut bientôt justifié par l'incessante activité du jeune supérieur. Sous sa direction, les études du petit séminaire reçurent des améliorations importantes. Utilisant ses courts loisirs au profit des belles-lettres, l'abbé Landriot apprit l'anglais, l'italien et l'allemand. L'étude approfondie du grec lui inspira bientôt le désir d'étudier les livres saints sur les textes originaux. L'hébreux lui devint familier. On retrouve fréquemment la preuve de ses connaissances polyglottes dans ses principaux ouvrages.

Chanoine de la cathédrale d'Autun, l'abbé Landriot

aspirait à vivre dans la retraite. Les projets littéraires de Dom Pitra, aujourd'hui cardinal trouvaient en lui un fervent admirateur. Mgr de Marguerye, jaloux de conserver au diocèse d'Autun une de ses célébrités, nomma l'abbé Landriot vicaire général. Peu de temps après, Mgr de Villecourt, évêque de la Rochelle, ayant été nommé Cardinal, l'abbé Landriot fut proposé pour le siége épiscopal de la Rochelle et Saintes, le 7 Avril 1856.

Préconisé à Rome le 16 Juin, Mgr Landriot fut sacré le 20 Juillet suivant dans la cathédrale d'Autun. Mgr de Bonald, archevêque de Lyon, prélat consécrateur, était assisté de Mgr Franconi, archevêque de Turin et de Mgr de Marguerye.

Le *Mandement* publié par Mgr Landriot pour sa prise de possession, fut la paraphrase de sa devise : *Parare viam Domini.* — Préparer les voies du Seigneur.

Quelques jours après son sacre, le nouveau prélat n'oubliant pas l'humilité de son origine, se rendait à l'humble village qui l'avait vu naître. Les habitants de Couches-les-Mines, heureux d'accueillir leur compatriote, lui avaient préparé une chaleureuse ovation.

Retenu un instant au concile de Périgueux, Mgr Landriot prononça le discours de clôture. Le 12 Août 1856, il fit son entrée solennelle à La Rochelle, au milieu d'une foule immense. Sa parole élégante et facile lui gagna tous les cœurs. Son allocution aux habitants de Rochefort est très-remarquable par l'élévation des idées. On y retrouve l'appréciation exacte et chrétienne du rôle des marins, des soldats et des ouvriers.

« Après les soldats, dit Monseigneur, vous parlerai-je des ouvriers ? N'ont-ils pas aussi leur carrière d'honneur ? Ne sont-ils pas chargés de continuer ici-bas l'action de Dieu, qui a été le premier et le plus actif des ouvriers ? N'ont-ils pas la mission de préparer les matériaux de la civilisation, d'être les avant-coureurs du génie de l'homme ? Un simple ouvrier ! Nos Très-Chers Frères ; mais quand je le rencontre, je m'arrête avec respect, et je me dis à moi-même : cet homme exerce sur la nature l'empire qui nous a été donné au jour de la création ; il fait en ce moment acte de souvenir, il montre qu'il est le Roi de l'univers : alors même qu'il ne remue qu'un atôme, il est toujours grand, parce qu'il commande en maître ; il est toujours utile, car c'est de l'action combinée de tous les bras que résultent l'harmonie et le progrès matériel du monde ».

À ces vérités populaires, propagées par Mgr Landriot, succédèrent les allocutions artistiques. Le 10 Septembre il prononça dans la cathédrale de La Rochelle un discours dans lequel il rendait un hommage mérité à l'institution des congrès scientifiques. Dans les paroles adressées aux membres du congrès, Monseigneur rappela quelques épisodes de sa vie studieuse :

« Il m'est arrivé souvent, dit-il, Messieurs et chers collègues, et je suis loin d'en rougir, il m'est arrivé, le marteau du géologue, la boîte du botaniste à la main, de gravir le sommet des hautes montagnes, de me promener dans les vallées et dans les plaines : il m'est arrivé de prendre aussi quelquefois le lorgnon de l'archéologue, et d'examiner avec des amis plus éclairés que moi, les souvenirs des temps passés ; j'ai même passé des jours entiers dans des cabinets d'ostéologie, et dans ces magnifiques collections où les ossements de tous les vieux témoins des siècles primitifs doivent être émerveillés d'avoir obtenu un tombeau plus honorable. J'ai vu tout cela, je suis heureux de l'avoir vu et de l'avoir étudié ».

C'est par l'application de cet esprit d'analyse que Mgr Landriot connaît intimement les vertus et les vices de la société moderne. L'esquisse vigoureuse qu'il en a tracée dans une allocution prononcée pour la fête de Saint-Martin, est un modèle du genre. Le problème social est étudié sur le vif. La cupidité, l'égoïsme, l'abaissement du niveau intellectuel, l'amour de l'or et l'affaiblissement du sens moral inspirent à l'orateur quelques pages pleines d'une chrétienne indignation.

IV.

L'éloquence de Mgr Landriot se prête facilement à toutes les circonstances. Lancement de vaisseau ; retraites ecclésiastiques ; enseignement des lettres et des sciences ; rien ne lui demeure étranger. L'un de ses auditeurs nous disait :

« J'ai entendu Mgr Landriot le jour de la bénédiction d'un grand orgue, j'ai été surpris de voir avec quelle aisance il employait les expressions techniques. Il est impossible de parler avec plus de vérité et d'à-propos ».

Cette facilité d'élocution multiplie les discours de Monseigneur, qui a fondé pour les dames de La Rochelle, en 1857, l'œuvre des conférences mensuelles.

Sous ses auspices, la chapelle des Carmélites de La Rochelle est terminée en 1859. La chapelle de Notre-Dame de Recouvrance est embellie. L'église Notre-Dame de Rochefort est consacrée. La cathédrale de La Rochelle est dotée d'un orgue monumental ; l'institution diocésaine des bonnes œuvres et les chapelles de Notre-Dame de Pitié et du château du Rail, sont inaugurées ou rétablies.

La restauration de l'Eglise Cathédrale de La Rochelle se poursuivait activement. Bientôt Monseigneur, déférant aux vœux du diocèse, en fixa la dédicace au 18 Novembre 1862. Mgr l'archevêque de Tours, prélat-consécrateur, fut assisté des évêques de Luçon, d'Evreux, de Blois et de La Rochelle.

Pendant la cérémonie, après l'Evangile, Mgr Landriot monta en chaire, et, en présence des prélats, du clergé, des magistrats du département et du peuple, il prononça un discours remarquable sur les vérités sociales indiquées par le symbolisme des églises.

Mgr Landriot a beaucoup écrit. On s'étonne du nombre de ses œuvres, produit d'une vie studieuse et d'une facilité rare. Passant la matinée dans son cabinet de travail, le prélat n'en sort que pour s'occuper des affaires diocésaines. Après une courte promenade et quelques visites, il reprend ses chères études un instant interrompues. Son style coule de source. Le Cardinal Mathieu en a porté le plus favorable jugement.

On a de Mgr Landriot :

Conférences sur l'étude des belles-lettres et des sciences humaines à l'usage des petits séminaires, Autun, 1847, 2 vol. in-8°.

Polémique sur les schistes bitumeux de Muse entre MM. Delahaye et Landriot, Autun, 1850, in-8°.

Recherches historiques sur les écoles littéraires du christianisme, suivies d'observations sur le Ver rongeur. Autun, 1851, in-8°.

Examen critique des lettres de M. l'abbé Gaume, sur le paganisme dans l'éducation, Autun, 1852, in-8°.

Traduction des discours d'Eumène, accompagnée du texte : précédée d'une notice historique et suivie de notes critiques et philologiques sur le texte et d'un précis des faits généraux. Autun, 1854, in-8°. Cet ouvrage, publié par la société Eduenne, a été fait par l'abbé Landriot en collaboration avec l'abbé Rochet.

Le véritable esprit de l'Eglise en présence des nouveaux systèmes dans l'enseignement des lettres. Paris, 1854, in-8°. L'ouvrage avait déjà paru sous le titre d'*Examen critique.*

Pièces historiques et justificatives sur la question des classiques, Autun, 1856. in-8°. C'est le résumé du débat élevé par M. l'abbé Gaume.

Mandements et discours de Mgr Landriot, évêque de La

Rochelle et de Saintes. 1856-57-58-59-60. Paris, Palmé, 2 vol. *idem* 1861 à 1864, 1 vol. Les années 1865-66, sont sous presse. La collection formera 4 vol.

Discours pour le 102ᵉ anniversaire de la mort de saint Vincent-de-Paul, prononcé à Paris dans la chapelle des Lazaristes, le 27 Septembre 1860. Paris, Douniol, in-8°.

Lettre de Mgr l'évêque de La Rochelle à M. l'abbé Laforêt, professeur à l'Université catholique de Louvain, sur la direction à donner à l'enseignement apologétique, La Rochelle, Deslandes, 1860, in-8°

La Prière chrétienne, Paris, 1862, 1863, in-8°.

La Femme forte. Conférences destinées aux femmes du monde. Poitiers, 1863, in-18.

Eloge funèbre de Mgr Charles-Théodore Baudry, évêque de Périgueux et de Sarlat, prononcé à Périgueux le 16 *Juin* 1863. La Rochelle, in-8°.

La Femme pieuse, pour faire suite à la Femme forte. Conférences destinées aux femmes du monde. Poitiers, 1863, 2 vol. in-12.

Saint Thomas-d'Aquin. Discours prononcé aux Carmes, en l'Eglise des Dominicains, le 7 Mars 1864. Paris, in-8°.

Conférences aux Dames du monde, pour faire suite à la Femme forte et à la Femme pieuse. Le Mans, 1865, 2 vol. in-12.

Le Christ de la tradition. Le Mans, 1865. 2 vol. in-8°.

Le Symbolisme. Paris, 1866, 1 vol. in-12.

L'Eucharistie, avec une introduction sur les mystères. Paris, 1866, in-8°.

Les Béatitudes évangéliques. Conférences aux dames du monde. Le Mans, 1866, in-8°.

Le grand esprit de tolérance de Mgr Landriot assure le succès de ses ouvrages. L'archevêque de Tours lui écrivait à ce sujet :

« Ne craignez pas, Monseigneur de soutenir la thèse de la modération, qui non-seulement n'exclut pas la fermeté, mais sans laquelle la fermeté ne saurait exister. Cette grande et noble modération a deux ennemis, la violence qui la tourne en dérision et la faiblesse qui se couvre de ses apparences. Il faut combattre ces deux extrêmes, qui sont beaucoup moins contraires l'un à l'autre qu'ils ne paraissent l'être au premier abord. Rien n'est plus près de la faiblesse que la violence, et réciproquement. Il y aurait une étude curieuse à faire sur les caractères dans les temps présents et passés ; elle confirmerait d'une manière à peu près invariable, cette vérité d'expérience, que les hommes violents et emportés sont en même temps les plus versatiles, les plus inconstants, c'est-à-dire les plus faibles ».

<h2 style="text-align:center">V.</h2>

L'un des meilleurs discours de Mgr Landriot, est celui qu'il prononça dans la Cathédrale de La Rochelle, le 30 Janvier 1859. Ses considérations chrétiennes sur les riches et les pauvres, développées à l'occasion de la quête en faveur de l'œuvre des Dames de charité, donnent une appréciation exacte de l'inégalité sociale. Apréciant la richesse et la pauvreté en orateur chrétien, il nous dit :

« Les richesses très-souvent engendrent l'orgueil, l'aveuglement d'esprit ; elles sont pour l'homme une occasion fréquente d'iniquités ; elles reserrent le cœur au lieu de le dilater, et semblent donner à l'âme quelque chose de la pesanteur du métal. Qui n'a pas rencontré dans sa vie de ces âmes lourdes comme le plomb, et ne comprenant que ce qui produit ? Ne leur demandez pas une idée généreuse : leur intelligence ne dépasse pas le cinq pour cent ».

Plus loin le prélat, entraîné par son sujet, fait un pressant appel à la charité publique :

« Il est tant d'objets, dit-il, que le caprice convoite pour les laisser le lendemain, il est tant de sommes dont la prodigalité ne rapporte rien et coûte souvent tant de regrets et de cuisants remords ! Ah ! versez tous ces trésors dans le sein des pauvres, et, dans la réalité, vous n'aurez pas enlevé au riche une seule obole vraiment utile, vous aurez rendu le riche beaucoup plus heureux, et le pauvre sera soulagé, et son cœur se rapprochera du riche par un sentiment d'amour et de reconnaissance ».

Ces principes évangéliques fournissent, un an plus tard, à Mgr Landriot le sujet, d'une allocution adressée à la réunion des apprentis et des ouvriers de La Rochelle.

Sa *Lettre* sur l'enseignement apologétique se distingue par une grande politesse de polémique. Il indique les précautions à prendre dans les discussions ; éviter les violences de paroles et l'aigreur, éviter l'exagération de doctrine ; n'avoir point peur de la raison, mais la respecter dans une juste limite. Tels sont les sentiments avoués de Mgr Landriot.

Il développa avec un rare bonheur ses principes de charité, de concorde et de paix dans l'oraison funèbre de Mgr Baudry, évêque de Périgueux. Noblement inspiré, ami du regrettable défunt, Mgr Landriot retrace les vertus de celui qui illustrait naguère le siége jadis occupé par Mgr Gousset. Il rappelle aux fidèles la modération de leur évêque contre les adversaires de la religion :

« Si la cause de la religion et de la foi, disait l'orateur, exigeait qu'il les condamnât et réfutât, il le faisait avec tant de modération qu'il était digne d'éloges dans la manière dont il se séparait d'eux, comme en établissant la vérité catholique »

Digne héritier des sentiments de Mgr Baudry, le Pontife lui emprunte ces belles paroles adressées à ses diocésains.

« Nous ordonnons qu'on imite cette modération dans la controverse, et ces procédés remplis d'une très-grande bien-séance de langage, car il importe trop à la tranquillité publique, à l'édification du prochain, à la charité, qu'on bannisse des ouvrages catholiques, la malignité, l'amertume, l'aigreur, les plaisanteries inconvenantes, qui sont si éloignées des habitudes chrétiennes et de toute bienséance ».

Mgr Landriot a souvent depuis développé ces principes. Dans la préface de ses *Conférences aux Dames du monde*, préface que l'on peut regarder à juste titre comme une profession de foi, il nous dit :

« Nous n'avons jamais été, nous ne serons jamais le disciple de ces *écoles qui ne savent que mutiler, retrancher et détruire*. Elles ont toujours existé parmi les chrétiens, sous différents noms et à toutes les époques. Nous avons toujours pensé et nous pensons encore qu'elles font un grand mal à la religion.

Dans nos différentes publications, nous cherchons à faire prévaloir des idées toutes opposées, parce que nous les croyons les seules vraies et les seules capables, sinon de convertir toujours, au moins de rapprocher les hommes de notre époque. Nous avons en face de nous, une société qui, si elle a ses travers et ses crimes, n'est dépourvue ni de raison ni de vertus, elle est intelligente, très jalouse de ses droits vrais ou prétendus, et si on lui conteste au nom du Christianisme, ce qu'il peut y avoir de légitime en ses aspirations, on parviendra à élargir les abimes entre elle et nous, à élever de ces murailles de séparation que le temps seul et les longs travaux d'un apostolat éclairé et charitable peuvent détruire. »

On retrouve la même doctrine dans *la Femme forte*, où Mgr Landriot prodigue, dans un style imagé qui n'appartient qu'à lui, les meilleurs conseils. Caractérisant le luxe moderne, il s'écrie, en parlant de Bossuet :

« Qu'aurait dit ce grand évêque à notre époque, où le luxe a envahi toutes les classes de la société, où chacun dépasse presque tous les jours les limites de sa position et de sa fortune, où la toilette des femmes figure au budget du mari pour une somme quelquefois effrayante ? et, quand elle ne se trouve pas dans les cahiers de la famille, elle couvre les registres des marchands. — On se plaint ensuite de ne pas avoir de superflu ! je le crois bien : le superflu, et au delà, est absorbé par toutes ces milles combinaisons de la vanité, par tous ces calculs qui ne s'arrêtent jamais, par cette fièvre inquiète avec laquelle on surveille toutes les nouvelles modes pour en avoir en toute chose la primeur. »

Dans *la Femme pieuse*, ce trésor littéraire des femmes chrétiennes, Monseigneur sait se mettre au niveau des plus humbles exigences domestiques. Partisan de l'esprit de famille, de l'union intime des époux, il signale à la femme chrétienne les dangers du zèle mal entendu, pour la paix intérieure :

« Quel n'est donc pas l'aveuglement, dit-il, de certaines personnes qui négligent plusieurs de leurs importants devoirs et consacrent une grande partie d'un temps que réclament les affaires de la maison, et qu'elles n'ont pas la faculté de détourner ailleurs ; qui le consacrent à des pratiques bonnes en elles-mêmes, quand on s'y livre avec sagesse, mais trop multipliées et tout-à-fait importunes dans les circonstances où se trouvent ces personnes. Elles passeront un temps considérable dans les églises, tandis que d'impérieux devoirs les appelleraient à la maison ; elles s'occuperont constamment d'exercices pieux, comme si elles étaient des religieuses vouées à la vie de contemplation : et cependant tout sera en désordre dans la maison, le mari, les enfants, les domestiques, tout le monde se plaindra, souffrira, murmurera. »

VI.

Les travaux littéraires de Mgr Landriot, ses idées libérales, le désignaient à l'attention publique. Son patriotisme bien connu le recommandait au gouvernement, qui déjà lui avait décerné la croix d'Officier de la Légion-d'Honneur. Le diocèse de La Rochelle pressentait l'élévation future de son premier Pasteur, lorsque la mort de Mgr Gousset, archevêque de Reims, rendit vacant l'un des plus illustres siéges de la France.

Par un décret en date du 30 Décembre 1866, l'Empereur y appela Mgr Landriot, évêque de La Rochelle et Saintes.

Le Chapitre de La Rochelle, heureux de transmettre au Prélat l'expression de ses hommages et de ses regrets, lui écrivait :

« Monseigneur,

» Votre promotion à l'archiépiscopat ne justifie que trop nos prévisions, et met un terme aux anxiétés qu'avait fait naître chez tous votre départ précipité de La Rochelle.

» Elle est aussi une précieuse garantie pour l'Eglise dont elle procurera la gloire ; un juste et éclatant hommage rendu aux vertus, au caractère et aux talents de Votre Grandeur.

» Mais nous vous l'avouerons, Monseigneur, à la satisfaction que nous cause votre élévation, se mêle un profond sentiment de tristesse et de regret. Vous comprendrez, Monseigneur, jusqu'où va notre émotion, par la nature des liens qui nous unissaient si étroitement à Votre Grandeur.

» Ces liens, la sympathie les avaient formés, l'affection et la bienveillance, plus que le temps et l'habitude, les avaient fortifiés. Pouvaient-ils être rompus subitement, sans que nos cœurs fussent cruellement déchirés !

» Et cette douloureuse émotion, votre ville épiscopale, le diocèse tout entier la partage avec nous.

» Plus que personne, toutefois, le Chapitre de La Rochelle mesure l'étendue de la perte que fait le diocèse, parce que plus que personne, il a pu suivre de près, observer, constater les heureux résultats de votre administration épiscopale. Jamais existence a-t-elle été plus active, plus remplie, plus féconde que la vôtre, Monseigneur, pendant les dix années qui se sont écoulées depuis votre avènement au siége de La Rochelle ? Est-il un seul intérêt sur lequel vous n'ayez étendu votre sollicitude avec autant de vigilance que d'opportunité ! Fondations pieuses, institutions charitables, haut et brillant enseignement par la parole et par les écrits, achévement rapide de tout ce qui, dans l'ordre matériel, était en cours d'exécution ou frappé d'un ajournement indéfini : voilà ce qu'à l'honneur de votre épiscopat, vous avez accompli, et ce qui vous assure des droits à la reconnaissance publique.

» Ce zèle infatigable qui vous anime, ces facultés supérieures que la divine Providence vous a si largement départies, vont se révéler dans une sphère agrandie et s'accuser plus vivement en relief. Reims, la ville aux grands souvenirs historiques et religieux, est appelée à recueillir à son tour les bienfaits de votre mission d'Apôtre. Puisse le ciel, auquel nous adressons nos prières et nos vœux, vous aplanir la voie ! Puisse le troupeau répondre au dévouement du Pasteur !

» Pour nous, Monseigneur, notre pensée s'identifiera de loin à vos nouvelles destinées, et nos cœurs voleront vers vous. Heureux serons-nous si, en retour de notre éternelle affection, Votre Grandeur daigne nous conserver une place dans son souvenir. »

Retenu à Paris, Monseigneur accueillait les regrets du Chapitre de La Rochelle, et quelques jours plus tard il y répondait en disant :

« Messieurs et bien chers Chanoines,

» Que vous êtes bons dans votre lettre si affectueuse ! Vous me donnez des éloges que je ne mérite pas, mais ce qui me touche profondément, c'est votre affection si vraie et si chaleureusement exprimée.

» J'ai tout fait pour rester au milieu de vous, et mes résistances successives étaient aussi sincères que sans arrière-pensée. Cette dernière fois il a fallu céder aux conseils des personnes les plus dévouées à l'Eglise. J'ai exposé le tout au Souverain-Pontife dans une lettre dictée par un cœur filial ; sa Sainteté décidera.

» Quels que soient les lieux où mes pas se dirigent, je n'oublierai jamais les dix années de paix et de bonne amitié que nous avons vécu ensemble, et je serai toujours très-heureux de toutes les occasions qui se présenteront de nous revoir, et de nous rappeler des souvenir si chers à nos cœurs.

» Veuillez agréer, Messieurs et chers Chanoines, l'expression de mon cordial attachement.

» JEAN-FRANÇOIS, évêque de La Rochelle,
Nommé à l'archevêché de Reims.

On trouve une preuve des regrets laissés à **La Rochelle** par Mgr Landriot dans les journaux du pays. L'un d'eux s'écrie :

« Ce n'est pas seulement comme orateur et écrivain que Mgr Landriot sera profondément regretté ; c'est encore et surtout comme évêque et première autorité du diocèse. La rare intelligence, la saine appréciation, qu'il sait faire des hommes et des événements du siècle, le tenait en dehors des idées étroites et mesquines, de ces opinions préconçues, systématiques, qui sont si fort opposées au véritable caractère de l'épiscopat. Voyant de haut, il voyait loin.

» Sa franchise et sa modération lui avaient concilié l'estime et la modération de tous les partis.

» Son existence active, laborieuse, partagée toute entière entre l'étude et les graves occupations de sa charge pastorale, était un noble exemple pour son Clergé, en même temps qu'elle excitait l'admiration qui s'attache aux hommes assez grands pour rester simples au milieu des distinctions et des honneurs, assez indifférents a ces mêmes dignités pour ne les accepter que comme un moyen de travailler plus efficacement à l'œuvre sociale et religieuse, à laquelle ils consacrent leur vie. »

Ces paroles sensées permettent d'espérer que le nouvel archevêque obtiendra la popularité qui distinguait son regrettable prédécesseur. Appelé par son origine à perpétuer les traditions qui unissaient jadis l'Eglise de La Rochelle à l'Eglise de Reims, Mgr Landriot se montre ami des idées libérales. Il propage les principes de charité, de paix et de concorde. Aussi, nous l'espérons, dans l'accomplissement de sa tâche laborieuse, la sympathie des classes ouvrières, cette noble consécration du caractère évangélique, ne lui fera pas défaut.

LISTE

DES

Evêques et des Archevêques de Reims.

SIXTE (saint), envoyé par saint Pierre vers l'an 52, meurt le 1er Septembre (année incertaine). Une rue de Reims a conservé son nom.

SINICE (saint), d'abord évêque de Soissons.

AMAND (saint), mort le 4 Novembre (année incertaine).

BÉTAUSE, consacré vers l'an 312, meurt vers l'an 327.

APER (saint), élu en 328, mort vers l'an 350.

CANDIDE (saint)?

DYSCOLIUS?

MATERNIEN (saint), mort le 7 Juillet 359.

DONATIEN (saint), nommé en 361, mort le 14 Octobre 389.

VIVANT (saint), mort le 8 Septembre 392.

SÉVÈRE, meurt le 5 Janvier (année incertaine).

NICAISE (saint), élu en 394, mort le 14 Décembre 407. Son nom est donné à une rue de la ville de Reims.

(1) Les historiens rémois sont en désaccord sur le nombre des archevêques de Reims. La durée de leur pontificat n'a jamais été définie. Plusieurs noms catalogués par les uns, sont rejetés par les autres. Les preuves chronologiques sont erronées ou douteuses. Il faut arriver au XIIIe siècle avant de débrouiller ce chaos historique. Aussi, dans notre liste, nous avons inséré tous les noms mentionnés par les écrivains. S'il y a des erreurs, la faute en est à Marlot, Cocquault, Anquetil, etc., etc. Il y aurait du reste un important travail à faire sur ce sujet historique.

Baruc, mort en 446.

Baruche, frère du défunt, mort en 447.

Barnabas ?

Bennage, élu vers 452, mort en 456.

Remi (saint), élu en 456, baptise Clovis en 496 et meurt en 533. Une place de la ville a conservé son nom.

Romain, meurt en 535.

Flavius, meurt le 30 Août 536.

Manipius, meurt vers 560.

Gilles, déposé en 590.

Romulfe, meurt vers 600.

Sonnace, meurt vers 630.

Lendégisile, vivait en 641.

Flavius ?

Sylvinus ?

Ætherius ?

Anglebert, mort vers 645.

Lando, mort le 14 Mars 649.

Nivard (saint), fondateur de l'abbaye d'Hautvillers, mort le 1er Septembre 672.

Réol, élu en 672, fondateur de l'abbaye d'Orbais, mort le 3 Septembre 693.

Rigobert (saint), élu en 698, sacre d'après plusieurs historiens, Dagobert, Chilpéric et Thierry. Il meurt le 4 Janvier 743.

Abel, élu en 743, meurt vers 754.

Tilpin, mort le 2 Septembre 800.

Hildehalde ?

Vulfar, mort le 18 Août 816. Sous son épiscopat, Charles-le-Chauve et Hermengarde sa femme, furent sacrés et couronnés à Reims, par le pape Etienne IV, en 816.

Ebbon, élu en 817, rebâtit la cathédrale de Reims. Il fut déposé en 835. Rétabli sur son siége de 841-42.

Gislemar ?

Hincmar, élu en 845, sacre Hermentrude, reine de France, Charles-le-Chauve et Louis II, dit le Bègue. Il meurt le 17 Décembre 882. Son nom est donné à une rue de Reims.

Foulques, élu en 883, sacre Charles III, dit le Simple. Il meurt assassiné le 17 Juin 900.

Herivé, élu en Juin 900, sacre Frédéronne, reine de France, et Robert, duc de France. Mort le 2 Juillet 922.

Seulphe, élu en 922, sacre Emma, femme de Raoul. Il meurt empoisonné le 7 Août 925.

Hugues, âgé de cinq ans, fils d'Héribert, comte de Vermandois, est nommé archevêque de Reims; expulsé du siége, il est rétabli vers 940 et déposé vers 946.

Artaud, élu vers 931, sacre Louis IV, Gerberge, sa femme, et Lothaire; il obtient l'autorisation de battre monnaie. Démissionnaire en 940, il est rétabli sur son siége vers 947, et meurt le 30 Septembre 961.

Oldaric, mort le 9 Novembre 970.

Adalbéron, élu en 971, sacre Louis V, Hugues Capet et Robert. Il mourut le 24 Janvier 988.

Arnould, élu en 989, déposé en 993, rétabli vers 996, mourut vers l'an 1022

Gerbert, depuis pape sous le nom de Sylvestre II, archevêque de 993 à 995. Une rue de la ville a conservé son nom

Ebale, élu vers 1022, sacre Henri Ier; il meurt le 11 Mai 1033.

Guy de Chatillon, élu en Juillet 1033, meurt le
1er Septembre 1055.

Gervais, élu en 1056, sacre Philippe 1er. Mort le
4 Juillet 1067.

Manassée Ier, élu en 1068, déposé vers 1082.

Rainald, élu en 1083, meurt le 21 Janvier 1096.

Manassée II, élu en 1095, meurt le 17 Septembre 1106.

Gervais, fils du comte de Rethel, est nommé par
le roi. Son élection n'est pas ratifiée.

Raoul le Vert, élu en 1107, meurt le 23 Juillet 1124.

Rainald II, prend possession en Octobre 1124, sacra
Philippe, fils de Louis-le-Gros. Mort le 13 Janvier 1138.

Samson, élu archevêque en 1140, meurt le 21
Septembre 1161.

Henri de France, frère du roi, élu en 1161, meurt
le 13 Novembre 1175.

Guillaume de Champagne, élu en 1176, sacre Philippe
Auguste et sa femme Ingueburge, il meurt le 7
Septembre 1202.

Guy Paré, élu en 1203, meurt le 30 Juillet 1206.

Albéric de Humbert, élu en 1206, rebâtit la cathédrale de Reims. Meurt le 24 Décembre 1218.

Guillaume de Joinville, nommé en 1119, sacre Louis
VIII et Blanche de Castille. Meurt le 6 Novembre 1226.

Hugues de Pierrepont, archevêque nommé (non-
acceptant).

Henri de Braine, élu en Février 1227, meurt le
6 Juillet 1240.

Ivelle, élu en 1244, meurt le 18 Décembre 1250.

Thomas de Beaumets, élu en 1251, meurt en 1263.

Jean de Courtenay, élu en 1266, meurt en 1270.

Pierre Barbet, élu en 1274, sacre Marie, reine de

France, Philippe IV et Jeanne de Navarre sa femme. Mort le 3 Octobre 1298.

ROBERT DE COURTENAY, élu en 1298, sacre Louis X, Charles IV, Clémence, femme de Louis X, et Jeanne, femme de Philippe V. Mort le 3 Mars 1324.

GUILLAUME DE TRIE, élu en 1324, sacre Philippe VI et Jeanne de Bourgogne. Mort le 26 Septembre 1334.

JEAN DE VIENNE, élu en 1334, sacre Jean II et Jeanne de Boulogne. Mort le 14 Juin 1351.

HUGUES D'ARCY, élu en 1351, mort le 18 Février 1352.

ETIENNE DE COURTENAY, nommé par le Chapitre. Son élection ne fut pas ratifiée.

HUMBERT, élu en 1352, meurt le 22 Mai 1355.

JEAN DE CRAON, élu en 1355, sacre Charles V et Jeanne de Bourbon, sa femme. Mort le 26 Mars 1373.

LOUIS THÉZART, élu en 1373, mort le 12 Octobre 1375.

RICHARD PIQUE (de Besançon), élu en 1375, sacra Charles VI. Mort le 6 Décembre 1389.

FERRY CASSINEL, élu en 1390, mort empoisonné à Nimes, le 26 Mai 1390.

GUY DE ROYE, élu en 1390, meurt assassiné le 8 Juin 1409.

SIMON DE CRAMAND, élu en Juillet 1409, se démit de l'archevêché en 1413.

PIERRE TROUSSEAU, élu en Juillet 1413, meurt le 16 Décembre de la même année.

REGNAULT DE CHARTRES, élu en 1414, sacre Charles VII. Mort le 4 Avril 1444.

JACQUES JUVÉNAL DES URSINS, élu en Juin 1444, se démet de son siége en 1449.

JEAN JUVÉNAL DES URSINS, élu en 1449, sacra Louis XI. Mort le 14 Juillet 1473.

Pierre de Laval, élu en 1474, sacra Charles VIII. Mort le 14 Août 1493.

Robert Briçonnet, élu en 1493, meurt le 26 Juin 1497.

Jean Standenth. Son élection ne fut pas ratifiée.

Guillaume Briçonnet, cardinal du titre de Sainte-Potentiane, élu en 1497, sacre Louis XII. Il permuta l'archevêché en 1507, avec Caretto.

Charles de Caretto, cardinal diacre du titre de Saint-Guy et de Saint-Modeste, et depuis cardinal prêtre du titre de Saint-Nicolas, archevêque en Septembre 1507, en fut dépossédé en 1508.

Robert de Lenoncourt, élu en 1508, sacre François Ier. Mort le 25 Septembre 1532. Une place de la ville porte son nom.

Jean de Lorraine, cardinal du titre de Saint-Onuphre, élu en 1532, se démet du siége en 1533.

Charles de Lorraine, cardinal du titre de Sainte-Cécile, élu en 1538, sacra Henri II, François II, Charles IX et Elisabeth d'Autriche. Mort le 26 Décembre 1574.

Louis de Lorraine, cardinal, dit de Guise (1), élu en 1575, meurt assassiné à Blois le 24 Décembre 1588.

Philippe de Lenoncourt, cardinal du titre de Saint-Onuphre, nommé archevêque par le pape, en 1589, meurt à Rome le 13 Décembre 1592, sans avoir pris possession.

Charles de Bourbon, cardinal, nommé archevêque de

______

(1) Grégoire XIII comprit l'archevêque dans la promotion du 9 mars 1578; mais n'ayant pas fait le voyage de Rome il ne reçut jamais ni titre ni chapeau.

Reims par Henri IV, ne prend pas possession.

François Brulart, grand archidiacre) Cette élection, faite
par le Chapitre de Reims
Pierre Frizon, doyen de la cathédrale ne fut jamais ratifiée

Nicolas de Pellevé, cardinal du titre de Saint-Jean
et Saint-Paul, puis de Saint-Praxède, nommé archevêque par le pape, en 1592, meurt à Paris le
28 Mars 1594.

Philippe du Bec, nommé par le roi, en 1594, ne
prend possession qu'en 1598. Il meurt le 10
Janvier 1605.

Louis de Lorraine, cardinal élu en 1605, meurt au
siége de Saint-Jean-d'Angély, le 21 Juin 1621.

Guillaume Giffort, élu en 1622, meurt le 11 Avril
1629.

Henri de Lorraine, élu en 1629, est dépossédé en
1641.

Léonor d'Estampes de Valençay, élu en 1642, meurt
le 8 Avril 1651.

Henri de Savoie, duc d'Aumale, élu en 1651, se
démet du siége en 1657.

Antoine Barberin, cardinal, élu en 1657, meurt le
2 Août 1671.

Le Tellier (Charles-Maurice), né à Paris en 1642,
élu archevêque de Reims, meurt le 22 Février 1710.

Mailly (François de), cardinal, né à Paris le 4 Mars
1658, archevêque d'Arles, est transféré à Reims
en 1710 Mort le 13 Septembre 1721.

Fleury (De), ancien évêque de Fréjus (non-acceptant)

Rohan (Armand-Jules de), né à Paris le 10 Février
1695, est nommé archevêque de Reims le 28
Mai 1722. Il sacre Louis XV le 25 Octobre sui-
suivant, et meurt à Saverne le 28 Août 1762.

Roche-Aymon (Charles-Antoine de La), né le 17

Février 1697 au diocèse de Limoges, prit possession le 20 Avril 1763. Il sacra Louis XVI en 1775,
et il mourut le 27 Octobre 1777.

TALLEYRAND-PÉRIGORD (Alexandre-Angélique de), né
à Paris le 18 Octobre 1736, Archevêque de Reims
en 1777, il émigre en 1791. Rentré en France,
il fut nommé archevêque de Paris en 1817. Son
nom est donné à une rue de Reims.

DIOT (Nicolas), évêque constitutionnel du département de la Marne, administre depuis 1791 jusqu'en
1801. Après le concordat, l'archevêché de Reims
fut réuni à l'évêché de Meaux jusqu'en 1817.

COUCY (Jean-Charles de), né au château d'Ecordal
(Ardennes) le 23 Septembre 1746, promu à l'évêché
de La Rochelle au mois d'Août 1789, est transféré
au siégé de Reims en Octobre 1817. Il meurt
à Reims le 9 Mars 1824.

LATIL (Jean-Baptiste-Marie-Anne-Antoine comte de),
cardinal prêtre du titre de Saint-Xyste, né
aux îles Sainte-Marguerite le 6 Mars 1761,
est nommé archevêque de Reims en Juillet 1824.
Il sacre Charles X le 29 Mai 1825. Quitte la France
en Juillet 1830 et meurt près de Marseille le
1er Décembre 1839. (*)

GOUSSET (Thomas-Marie-Joseph), né à Montigny-lez-
Cherlieu (Haute-Saône) le 1er Mai 1792, est nommé
archevêque de Reims le 25 Mai 1840. Cardinal-
prêtre du titre de saint Callixte, il meurt le 22
Décembre 1866. Une rue de la ville porte son nom.

(*) Le diocèse de Reims fut administré pendant l'absence du cardinal de
Latil, par Mgr de Rouville et par Mgr Gallard, ancien évêque de Meaux.

LANDRIOT (Jean-Baptiste-François-Anne-Thomas) , né
à Couches-les-Mines (Saône-et-Loire) le 9 Janvier
1816. Nommé archevêque de Reims par un décret
impérial en date du 30 Décembre 1866. Préconisé
à Rome, dans le consistoire du 27 Mars 1867.

Propriété.

REIMS, IMP, MATOT-BRAINE.

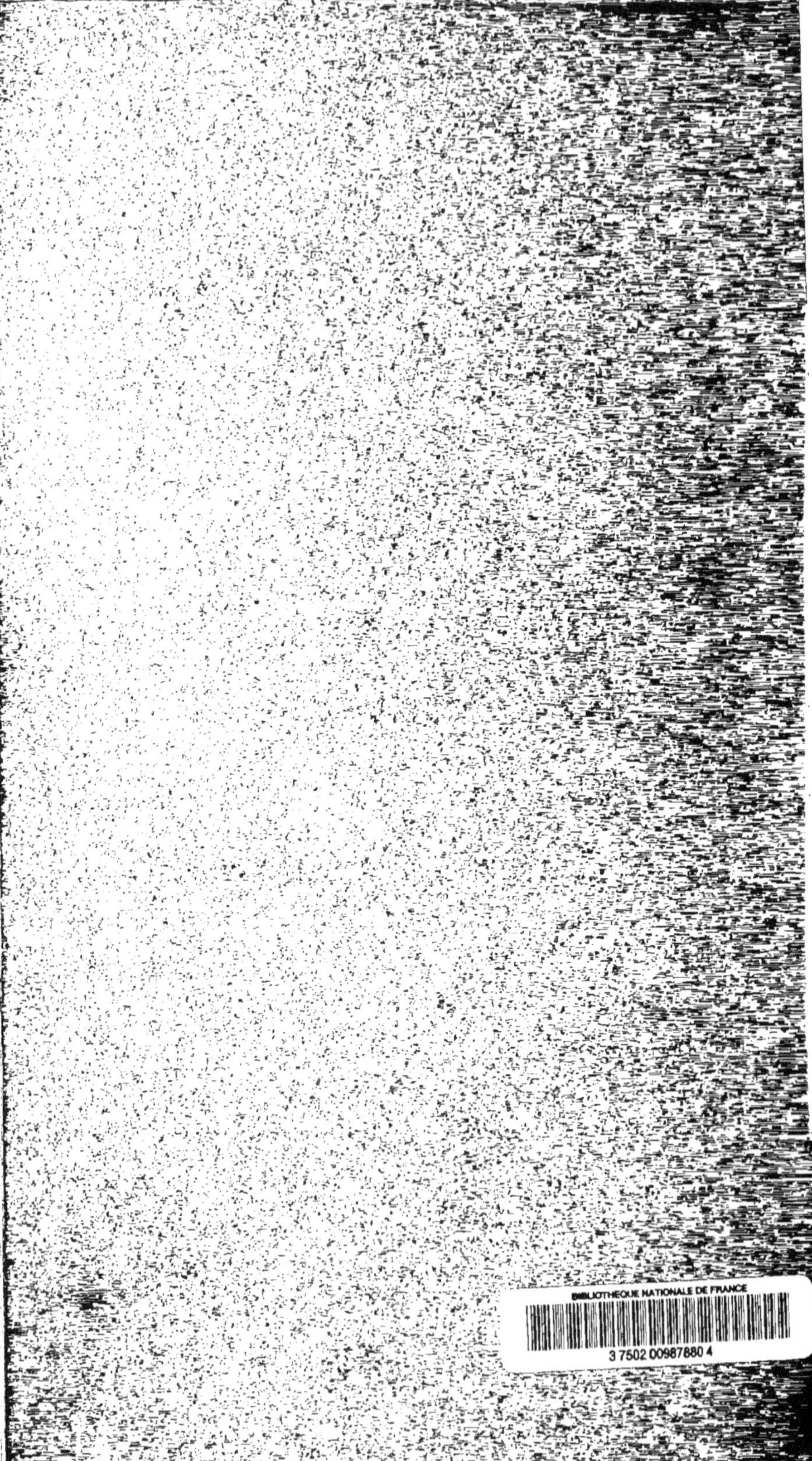